雅克萨之战

○ 主编 金开诚

○ 编著 范传男

吉林文史出版社

吉林出版集团有限责任公司

图书在版编目（CIP）数据

雅克萨之战 / 范传男编著. —长春：
古林出版集团有限责任公司，2011.4（2023.4重印）
ISBN 978-7-5463-5028-8

Ⅰ. ①雅… Ⅱ. ①范… Ⅲ. ①中国历史－清代－通俗
读物 Ⅳ. ①K249.09

中国版本图书馆CIP数据核字(2011)第053464号

雅克萨之战

YAKESA ZHI ZHAN

主编/ 金开诚 编著/范传男

项目负责/崔博华 责任编辑/崔博华 钟 杉

责任校对/钟 杉 装帧设计/李岩冰 徐鸿印

出版发行/吉林出版集团有限责任公司 吉林文史出版社

地址/长春市福祉大路5788号 邮编/130000

印刷/天津市天玺印务有限公司

版次/2011年4月第1版 印次/2023年4月第5次印刷

开本/660mm×915mm 1/16

印张/9 字数/30千

书号/ISBN 978-7-5463-5028-8

定价/34.80元

前　言

　　文化是一种社会现象，是人类物质文明和精神文明有机融合的产物；同时又是一种历史现象，是社会的历史沉积。当今世界，随着经济全球化进程的加快，人们也越来越重视本民族的文化。我们只有加强对本民族文化的继承和创新，才能更好地弘扬民族精神，增强民族凝聚力。历史经验告诉我们，任何一个民族要想屹立于世界民族之林，必须具有自尊、自信、自强的民族意识。文化是维系一个民族生存和发展的强大动力。一个民族的存在依赖文化，文化的解体就是一个民族的消亡。

　　随着我国综合国力的日益强大，广大民众对重塑民族自尊心和自豪感的愿望日益迫切。作为民族大家庭中的一员，将源远流长、博大精深的中国文化继承并传播给广大群众，特别是青年一代，是我们出版人义不容辞的责任。

　　本套丛书是由吉林文史出版社和吉林出版集团有限责任公司组织国内知名专家学者编写的一套旨在传播中华五千年优秀传统文化，提高全民文化修养的大型知识读本。该书在深入挖掘和整理中华优秀传统文化成果的同时，结合社会发展，注入了时代精神。书中优美生动的文字、简明通俗的语言、图文并茂的形式，把中国文化中的物态文化、制度文化、行为文化、精神文化等知识要点全面展示给读者。点点滴滴的文化知识仿佛颗颗繁星，组成了灿烂辉煌的中国文化的天穹。

　　希望本书能为弘扬中华五千年优秀传统文化、增强各民族团结、构建社会主义和谐社会尽一份绵薄之力，也坚信我们的中华民族一定能够早日实现伟大复兴！

目录

一、黑龙江流域民族的繁衍　　　　　001

二、双头鹰俄罗斯的崛起　　　　　　025

三、东西两大帝国的初步碰撞　　　　037

四、雅克萨之战的军事部署　　　　　051

五、第一次雅克萨攻城战　　　　　　081

六、第二次雅克萨攻城战　　　　　　089

七、双方谈判使团的主要成员及规模　101

八、尼布楚谈判及条约的签订　　　　111

九、《尼布楚条约》的意义与遗留问题的解决　125

一、黑龙江流域民族的繁衍

雅克萨之战是清朝在康熙年间为反击沙皇俄国对我国黑龙江流域的入侵而发动的旨在捍卫边疆国土的反侵略战争。15世纪末，沙皇俄国在摆脱蒙古金帐汗国的统治后，积极向外扩张，越过乌拉尔山脉进入西伯利亚。17世纪中叶，正值中国明清两朝鼎革之际，沙皇俄国扩张的魔掌伸向了我国东北地区，先后与我国蒙古、达斡尔等部落发生武装冲突。面对

沙俄的侵略野心，清廷奉行坚决反击的策略。但因当时清政府入关未久，政局不稳，加之在康熙初年又陷入了长达八年的平定三藩战争，分身不暇，无力在东北地区做出大的战略反击。三藩之乱平定后，康熙帝随即将战略重点转向北方，先后发动两次雅克萨之战，将沙俄侵略军赶出雅克萨地区，并迫使沙皇同意进行和平谈判。经过一番艰苦的谈判，中俄双方最终签订了中国历史上第一个较为平等的边界条约——《中俄尼布楚条约》，该条约以文本的方式划分了两国东段边境，从而在法律上肯定了黑龙江流域、乌苏里江流域是中国的领土。17世纪80年代发生在我国东北边境的雅克萨之战，对于进关未久且在关内立足未稳的清政府而言，意义是十分重大的。能否取得这场战役的胜利关系到清王朝尤其是作为满族发祥地——东北地区的领土安全与主权完整，关系到清王朝政权的巩固和全国的统一。所以，雅克萨之战是中国人民反击外来侵略取得的一次重大胜利。

黑龙江流域自古以来就是我国不可分割的领土，黑龙江更是中国的内河。我国不同时期的历史文献对黑龙江有着不

同的称谓。约在公元前5世纪成书的《山海经》称黑龙江为"浴水"；公元7世纪成书的《北史》称"完水"；《唐书》称"室建河"，《旧唐书》称"望建河"，《金史》称"石里罕河"，《元史》称"撒合儿兀鲁"。而"黑龙江"一名的记载最早见于《辽史》。满语称黑龙江为"萨哈连乌拉"，"萨哈连"汉意为"黑"，"乌拉"汉意为"江"。黑龙江全长4350公里，整个流域面积184万平方公里，土地辽阔，山川壮丽，物产丰饶。生活在这一地区的我国古代各民族，其名称较为复杂，各时期的称谓也不相同，如肃慎、乌桓、鲜卑、柔然、室韦、挹娄、勿吉以及公元8世纪以后的契丹、女真、蒙古等民族。

（一）肃慎时期

东北地区的原始居民与山东半岛上的原始部落有着非常深的渊源。据历史文献记载，满族的祖先——肃慎人是我国古代东北地区最早的居民之一。肃慎又称息慎、稷慎，是我国东北地区的古老民族，也是现代满族的祖先。传说在舜、禹时代肃慎族已经与中原有了联系。公元前21世纪，中国正值夏朝初期，山东半岛上龙山文化的农业文明经海道传入东北地区的肃慎族，使肃慎地区的农业得到较大发展。商朝末年，肃慎族大体分布在今天的长白山以北，西至松嫩平原，北至黑龙江中下游的广大地域，以渔猎和狩猎生活为主，在松嫩平原上出现了初步的农耕文明，其中心区域在今天的牡丹江中游地区。

肃慎族以产弓矢、貂皮著称，史书记载，其在周灭商后臣服于周，并遣使进贡木制箭杆、石质箭头的弓箭。战国以后的挹娄、勿吉、靺鞨、女真，史家多认为属肃慎系统或与之有密切的渊源关系。

（二）挹娄时期

"挹娄"是肃慎族系继"肃慎"称号后使用的第二个族称，前后沿用约有六百余年（汉代至晋代）。挹娄的活动区域在今天辽宁省东北部和吉林、黑龙江两省东半部及黑龙江以北、乌苏里江以东的广大地区内。挹娄已经拥有渔猎业、农业、畜牧业和手工业等生产部门，狩猎用的工具还是以弓箭为主，"弓长四尺，力如弩，矢用楛，长尺八寸，青石为镞"。不过，与肃慎时比较，挹娄的"石弩"已经有了很大改进和发展，反映在使用的"（箭）镞皆施毒"，中者即死。公元5世纪的南北朝时期，挹娄势力衰落，与挹娄同为近亲群体的勿吉势力兴起，并最终取代了挹娄，称霸黑龙江流域。

(三) 勿吉时期

南北朝时期(420—589), 牡丹江流域生活着挹娄人的后代——勿吉人, 该部族在以后的历史发展进程中逐渐演变成为靺鞨人。勿吉人在历史上曾以强悍著称, 并有西逐夫余, 南侵沃沮的英雄业绩。勿吉的地理位置, 在松花江东流段和北流段的广大地区, 即松嫩平原和三江平原的广大地区, 中心区域在松花江与嫩江交汇处的松花江丁字形大曲折一带。勿吉的疆域面积比其先祖挹娄的范围要广大。在肃慎、挹娄生产的基础上, 勿吉人农耕的比重增加了, 种植有粟、麦、稷和葵等农作物, 并采用中原人早已淘汰的耦耕技术进行耕作。但作为森林民族, 勿吉人的狩猎业仍在生活中占主导地位。勿吉人"筑城穴居", 房屋的形状, 就如同一个大的坟丘, 上面留一个出入口, 进进出出也得用梯子。这与肃慎人"夏则巢居,

冬则穴处"和挹娄人"常穴居"，"大家深至九梯"相同，依然保持了"穴居"的习惯。从穿着上看，勿吉的女性一般身穿布裙，而男性则是身穿猪、狗皮袍。男人的头上插一根虎或豹尾以显示勇敢。

（四）靺鞨时期

靺鞨族是勿吉人的后代。隋唐之际，"勿吉"改族名为"靺鞨"，拥有粟末、白山、伯咄、安车骨、号室、拂涅、黑水等七大部落。其中以居住在粟末水（今西流松花江）而得名的粟末靺鞨最为强大，有战士数千人。698年，粟末靺鞨的领袖大祚荣自立为"震国王"，在松花江以东乌苏里江流域，建立渤海政权，后不断向唐王朝遣使朝贡，并仿照唐朝的模式建立了政治、经济制度，使用汉文书写。707年，粟末靺鞨接受了唐王朝的招抚。713年，唐王朝派遣鸿胪卿崔忻奉使宣劳靺鞨，大祚荣获得了"渤海郡王"的封号，并被加授为忽汗州都督，正式成为唐朝的藩臣。755年，渤海将国都迁到上京龙泉府（今宁安渤海镇），并派兵征服了黑水靺鞨。762年，渤海第三代王大钦茂被晋封为"渤海国王"后，与唐王朝的关系更为亲密。此后，渤海历代诸王的继袭都经过唐王朝的册立，终唐之世遣使朝唐一百数十次。其间除大武艺之世一度与唐朝发生军事冲突外，对唐始终友好。唐亡后，渤海继续向中原的后梁、后唐朝贡，保持着臣属于中原王朝的关系。渤海地区是当时亚洲"东方丝绸之路"的中心，从唐朝运来丝绸，加上自己制造的名产桑蚕之丝和柞蚕丝绸，运向东方的日本、西方的契丹和室韦、南方的新罗、北方的黑水

靺鞨、东北的流鬼（今俄罗斯堪察加一带）。

渤海的疆域，初期仅限于靺鞨的部分故地，"方二千里"。经过大祚荣、大武艺父子两代的扩充，渤海的领地逐渐扩大。第十代宣王大仁秀被称为"渤海国中兴之主"，国土面积得到大幅度的扩张。这一时期的渤海南定新罗，北略诸部，境域至"方五千里"，大体上南至泥河（今朝鲜咸镜南道龙兴江）与新罗相接，东到日本海，东北至乌苏里江下游与黑水靺鞨为邻，北隔那河（今松花江）与室韦为界，西抵扶余川（今吉林伊通河）流域与契丹接壤，西南同唐朝交界于辽河流域，包括今东北大部、朝鲜半岛北部及俄罗斯沿日本海的部分地区等广大地域，首都初在"旧国"（今吉林敦化一带），唐玄宗天宝末年迁上京龙泉府（今黑龙江宁安西南东京城）。此后除唐贞元时一度迁到东京龙原府（今吉林珲春西）外，一直定都于上京。渤海地区的居民以靺鞨人最多，还有汉人以及少量的突厥、契丹、室韦人，靺鞨中又以粟末靺鞨为主。建国初期有编户十余万，人口数十万，后期人口逐渐增至三百万左右，从而获得了"海东盛国"的称誉。

然而，随着渤海王国的日益强大，其社会内部的各种矛盾也在发展和激化。从大玄锡、大玮瑎时起，渤海逐步走上了衰微的道路。宗室贵族和整个统治阶级日益腐朽，统治集团内部争权夺利斗争加剧，北方黑水靺鞨诸部的反抗激烈，这些都严重地削弱了渤海政权的实力，并为西邻契丹人的侵扰和进攻提供了可乘之机。经过一二十年的反复较量之后，926年初，契丹攻占扶余城，乘胜进军至上京忽汗城下，渤海末代王被迫出降。

（五）契丹、女真时期

契丹族源于东胡后裔鲜卑的柔然部。族名"契丹"的原意为镔铁，象征契丹人顽强的意志和坚不可摧的民族精神。历史文献中关于契丹的最早记载开始于389年。这一年，柔然部被鲜卑拓跋氏的北魏击败。北柔然退到外兴安岭一带，成为蒙古人的祖先室韦。而南柔然避居今内蒙古的西喇木伦河以南、老哈河以北地区，以聚族分部的组织形式过着游牧和渔猎的氏族社会生活。此时八个部落的名称分别为悉万丹、何大何、伏弗郁、羽陵、匹吉、黎、土六于、日连。在战事动荡的岁月中，各部走向联合，形成契丹民族，先后经过了大贺氏和遥辇氏两个部落联盟时代。

916年，契丹杰出首领耶律阿保机趁唐朝末年中原战乱之机，取代了原遥辇氏部落联盟首领痕德堇，进而统一各部，在今天内蒙古自治区的巴林左旗建国，国号"契丹"，947年改国号为"辽"。辽国在926年（后唐时期）灭掉渤海国，渤海人被强制迁徙至今天辽宁省的西部地区。渤海国境内的女真族也被辽朝纳入统治范围。辽朝极盛时期的版图，北至今克鲁伦河、色楞格河流域，东临黄海，南至河北中部、山西北部，西近阿尔泰山，幅员万里。

辽朝末年，女真崛起。1115年，女真族首领完颜阿骨打在阿城（黑龙江省阿城市）建国，国号"大金"。金国建立后，展开了以辽五京为战略目标的灭辽之战。1125年，辽的末代皇帝——天祚帝耶律延禧被金军俘获，辽朝随即灭亡。金代的地方行政区划，大致与辽相同。金朝设有五京十九路，路是金代地方最高最大的行政区，相当于现代的省。金上京路

领有会宁等府州，范围最为广阔，其西境可抵今嫩江流域，北达外兴安岭，东北至鄂霍次克海，东至日本海，南与咸平路为邻（今吉林省怀德县），并遥领曷苏馆路（今辽宁省金县）。

（六）元朝时期

蒙古高原地区的众多蒙古部落原为金朝的臣属。随着金朝的逐渐衰落，室韦人的后代——蒙古人的势力开始壮大起来，逐渐脱离金朝的统治。1206年，蒙古部族杰出的领袖——铁木真统一蒙古草原各部，在黑龙江源头召开大会，被蒙古诸部酋长共尊为"成吉思汗"，他和子孙们建立了世界历史上最强大的帝国元朝。元朝是我国历史上疆域最广阔、国力最强盛的王朝之一。从疆域的广阔度来说，只有后来同为少数民族建立的清王朝才能和元朝相提并论。

据记载，元朝的疆域是"北逾阴山，西极流沙，东尽辽东，南越海表"，"东、南所至不下汉、唐，而西北则过之"，甚至还包括了今天蒙古全境和俄罗斯西伯利亚地区及泰国、缅甸北部的一些地方，总面积相当于今天中国疆土的两倍以上。元朝建立以后将全国划分为中书省和11个行中书省，以及管辖吐蕃地区的总制院（1288年更名为宣政院）。其中东北地区分别归属辽阳行省和岭北行省管辖。此时，在黑龙江上游流域居住着布里亚特蒙古人（蒙古族的一支），属于岭北省管辖。而在东北地区居住的女真族和辽东的契丹族、汉族则归属辽阳省管辖。后来元朝在黑龙江入海口（今俄罗斯伯力边疆区的庙街附近）设征东元帅府，属于辽阳省的下设机构。

元朝末年，在辽金时期进入华北地区的女真人、契丹人已经全部汉化，只剩

下了居住东北的女真人和契丹人还作为民族存在。契丹首领耶律留哥率领属民居住在辽阳省的辽东地区，但由于辽东汉人的日益增多，辽东契丹人也逐渐汉化。辽朝灭亡后，由辽朝贵族耶律大石带领的一支契丹人迁移到了今天的中亚地区，并建立了西辽王国，但随着时间的推移，西辽的契丹人也逐渐融入当地的突厥民族。此后，契丹作为一个民族在历史上最终消亡。而东北地区的另一支原住民女真人此时居住在辽东北部地区，当地汉族人口较少，所以女真部族一直保持着本民族的特征。该地属于元朝辽阳省开元路（治所在今吉林省农安县）管辖，分属于五个军民万户府（行政区域）。其中的女真酋长阿哈出是富锦万户，猛哥帖木尔是依兰万户，后来这两个万户的居民南迁到绥芬河流域，又继续南迁到浑江流域，成为后来著名的"建州女真"。其原来的居住地则被"野人女真"占据，成

为他们的栖息繁衍之地。

(七) 明朝时期

　　元朝末年，蒙古贵族的统治日益残暴黑暗。1368年，早年当过游方和尚，后来参加红巾军起义的朱元璋称帝，以应天府 (南京) 为京师，国号大明，年号洪武，建立了明朝。朱元璋就是明太祖。不久他命大将徐达、常遇春等人率大军北伐，攻占大都 (北京)，元顺帝北逃，元朝在中原地区九十八年的统治宣告结束。北伐成功后，明太祖朱元璋设置辽东都指挥使司以经营辽东以及整个东北地区，并多次进军黑龙江流域，招抚当地的女真部落。明成祖永乐七年 (公元1409年)，明朝征服苦兀 (库页岛)，在元朝征东元帅府旧址上 (今庙街一带) 设立努尔干都司，管辖整个黑龙江流域。至此，明

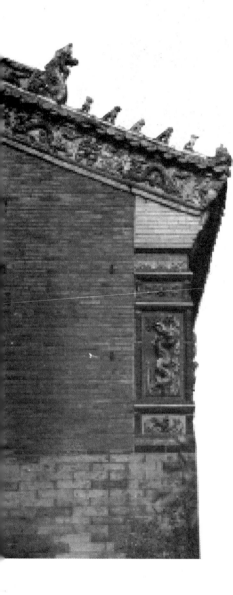

朝在东北地区的统治范围达到了黑龙江口与库页岛。

明朝初年，女真族分为建州女真、海西女真、野人女真三大部。后又按地域分为建州、长白、东海、扈伦四大部分。女真一支部族的首领阿哈出率部迁移到今天的吉林通化一带，被朱元璋封为建州卫长官。而另一支女真人则在首领猛哥帖木尔（清太祖努尔哈赤的六世祖）的带领下，迁移到今天吉林龙井三合镇对面的朝鲜会宁，被朱棣封为建州左卫长官。后来猛哥帖木尔的弟弟凡察为右卫长官，猛哥帖木尔的小儿子董山为左卫长官，阿哈出的孙子李满住为建州卫长官，这就是史书上常常提到的"建州三卫"。明宪宗成化三年（1467），董山和李满住在明军平定叛乱的过程中先后被杀。到了万历年间，董山的重孙觉昌安继承了女真建州左卫都督的官职。

（八）满族时期

觉昌安及其子塔克世原是建州右卫都指挥使王杲的部下，万历十一年(1583)，觉昌安与塔克世父子赶赴古埒城试图劝降叛明的姻亲——建州酋长阿台，不料围城明军听信了图伦城主尼堪外兰的奸计，破城后纵兵屠城，觉昌安与塔克世在城内躲避不及，均被误杀。

塔克世的长子努尔哈赤此时年已25岁，闻听噩耗后毅然凭借父祖遗留的十三副铠甲起兵复仇。明廷自知理亏，对复仇行动采取了静观其变的态度，努尔哈赤从而得以在历尽艰辛之后，于万历十四年（1586）斩杀仇人尼堪外兰，昭雪了父祖的不白之冤。其后数十年间，努尔哈赤率军东征西讨，展开了统一女真的大业。他先后灭掉通化西的完颜部、桓仁南的董鄂部、抚顺东的浑河部、清源西的哲陈部、吉林抚松的讷殷部和抚松东

的朱合里部，统一建州女真。其后，努尔哈赤又将吉林省辉南的辉发部、吉林市的乌拉部、开原的哈达部和昌图北的叶赫部相继消灭，统一了海西女真。

万历三十七年（1609），努尔哈赤进攻窝集部，占领兴凯湖东、虎林一带的乌苏里江两岸；1614年进攻东海窝集部（库尔喀部），占领野猪河到纳德霍卡之间地区；1616年进攻瓦尔喀部，占领伯力一带的乌苏里江两岸。然后进攻黑龙江下游的使犬部和库页岛乌第河的使鹿部，占领了明朝设立的努尔干都司治所。然而这里的居民主要是赫哲族并非女真民族，所以清朝在占领该地区后对其控制并不严密，这就给了入侵的沙俄侵略者以可乘之机。

努尔哈赤又陆续派遣将领征服了松花江以北的黑龙江呼尔哈部和黑龙江以北的萨哈连部和布列亚河的萨哈尔查

部，自此，野人女真全被征服，女真各部
的统一大业终于完成。

　　努尔哈赤第八子清太宗皇太极时，
将女真族名改为满洲（即今天的满族），
并继续征服了嫩江的蒙古族科尔沁部和
外兴安岭大兴安岭一线以西的鄂温克
族、达斡尔族、锡伯族和结雅河两岸的鄂
伦春族，基本完成了统一东北各民族的
大业。

　　统一女真各部后，皇太极在宁古塔
（今黑龙江省宁安市）设立行政机构管
辖整个黑龙江流域，从而取代了明朝的
努尔干都司对黑龙江流域的统治。但贝
加尔湖以东的布里亚特蒙古族（尼布楚
地区）却未归顺清朝，这也是清朝的宁古
塔副都统辖区在幅员上不及明朝努尔干
都司的原因，同时也为康熙年间《尼布楚
条约》中出让这一地区埋下了伏笔。

二、双头鹰俄罗斯的崛起

9世纪，在建立以基辅为中心的古罗斯国家过程中，俄罗斯人的祖先古罗斯部族（东斯拉夫人）逐步形成，其族名也成为此后的该民族的国家名称。以政治中心的迁移和历史进程的演变为依据，我们可以大致将俄罗斯的历史划分为六个时期：基辅罗斯时期（862—1240）；蒙古人（鞑靼人）统治时期（1240—1480）；莫斯科时期/沙皇俄国时期（1480—1703）；彼得堡时期/俄罗斯帝国（1703—1917）；
苏维埃时期（1917—1991）以及新俄罗
斯（1991年以后）。

（一）基辅罗斯时期（862—1240）

现代史学家一般认为俄罗斯的历
史应追溯至莫斯科大公国的建立。其实
在俄罗斯境内，自远古就有人类居住。6
世纪，东斯拉夫人逐渐向俄罗斯的欧洲
部分地区迁徙。862年，以留里克为首的
瓦朗几亚人征服东斯拉夫人，占领并统
治了诺夫哥罗德地区，建立"留里克王
朝"。882年，留里克的亲属、诺夫哥罗德
公国的奥列格大公征服基辅公国和其他
一些部落，逐步以基辅为中心建立起一
个国家（史称"基辅罗斯"），并取得"基
辅大公"的称号。其后伊戈尔、奥丽加
（伊戈尔之妻）等君主先后统治该地区。
政权性质也逐步从君主专制统治向贵族

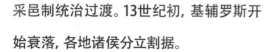

采邑制统治过渡。13世纪初，基辅罗斯开始衰落，各地诸侯分立割据。

（二）蒙古人（鞑靼人）统治时期（1240—1480）

1237年，由成吉思汗长子术赤建立的金帐汗国入侵罗斯地区，攻占梁赞，1240年攻占基辅，确立了蒙古贵族的统治。罗斯地区陷入以金帐汗国为宗主的诸侯割据与混战状态。以莫斯科为中心的莫斯科公国在这场弱肉强食的争夺中

逐步占据先机，强势崛起。莫斯科大公伊凡·卡利达（1325—1340）在位时取得了"弗拉基米尔及全罗斯大公"的称号，史称"伊凡一世"。1380年，德米特里大公（1359—1389）率军在顿河平原击败蒙古军，被尊称为"德米特里·顿斯科伊"（意思是"顿河的德米特里"）。

（三）莫斯科时期/沙皇俄国（1480—1703）

这一时期的伊凡三世（1462—1505）是俄罗斯民族形成过程中的一位杰出君王。1472年，伊凡三世娶东罗马末代皇帝君士坦丁十一世的侄女索非亚·巴列奥略格为妻，正式采用"双头鹰"为国徽，并开始自称"沙皇"，恢复了君主制。1478年，伊凡三世吞并诺夫哥罗德共和国。1480年，他率军迎战蒙古军队，恰逢蒙古军队因严寒不战而退，伊凡三世不战而胜，从此结束了金帐汗国长达二百四十多年的异族统治，形成以莫斯科为中心的独立的俄罗斯国家，并开始逐步建立农奴制度。

其后的伊凡四世（1533—1584）则是俄国历史上有名的暴君，绰号"伊凡雷帝"。1547年，当时还是莫斯科大公的伊凡四世在克里姆林宫戴上了罗马皇帝使用过的王冠，加冕为"沙皇"。他也是俄国历史上的第一位正式加冕的沙皇（在俄语中"沙皇"的意思就是"恺撒"）。他在位期间俄罗斯地区的农奴制度得到确立。

1598年，伊凡四世的儿子费多尔去世后，留利克王朝绝嗣，统治俄国七百多年的留利克王朝从此覆灭。此后的俄罗斯地区因为皇位继承问题，一度爆发大规模战乱，波兰、瑞典诸国也趁乱入侵，史称"大动乱时期"。

1613年1月，全俄缙绅会议选举伊凡

四世的亲戚，16岁的米哈伊尔·罗曼诺夫（1613—1645）为新沙皇，建立了几乎与中国的清王朝相始终的俄罗斯罗曼诺夫王朝。这个王朝经历了18个沙皇的统治，末代沙皇尼古拉二世在1917年发生的俄国二月革命中被推翻。在该王朝统治时期，农奴制度在法律上得以确立，大量俄罗斯探险者和囚徒越过乌拉尔山脉向东行进，征服西伯利亚，并进一步到达远东，与中国东北地区接壤。

罗曼诺夫死后，阿历克塞（1645—1676）与费多尔（1676—1682）先后即位。费多尔死后，他的两个儿子伊凡和彼得虽然同时登基为帝，但皇子伊凡（1682—1696）从小体弱多病，而另一个皇子彼得当时又年幼无知，因此国家的实际权力掌握在费多尔的长女安娜公主手中。皇子彼得（即后来的彼得大帝）被放逐到莫斯科郊外的皇庄，形同软禁。但资质聪颖，体格强壮的彼得并未就此消沉，他在童年的战争游戏中训练出了两个精锐兵团，这成为日后重新崛起的最大砝码。逐渐成长的彼得对安娜公主的摄政地位形成了巨大的威胁，所以安娜派遣射击军（皇家近卫军）前往皇庄试图杀掉彼得，但彼得奇迹般地带领他的游戏军团平定了射击军的叛乱，放逐了安娜，重新夺回了政权，并把首都迁到了彼得堡，从此开启了俄国历史的新篇章。

（四）彼得堡时期/俄罗斯帝国（1703—1917）

在这一时期，沙皇俄国由一个欧洲三流的公国一跃成为雄视欧亚大陆的俄罗斯帝国，双头鹰国徽成为新俄罗斯国家政策的象征。

彼得一世（1682—1725）掌权后，对内励精图治，加强中央集权制，对外发展与西欧的关系，加强俄国的实力，从而使古老的俄国逐渐摆脱了中世纪封闭落后的状态。彼得一世在1697年派遣使团赴西欧考察，自己也化名随团出访，回国后实行了一系列改革，史称"彼得一世改革"。彼得的改革在政治、军事、经济、科学文化各方面提高了俄罗斯的实力，使其具备了侵略扩张的实力。1713年，彼得一世做出了一个对俄罗斯历史产生深远影响的决定，他放弃了有着八百多年历史的俄罗斯古老都城——莫斯科，在从瑞典手中夺来的涅瓦河口，重新建立了一个崭新的首都——圣彼得堡。1721年，经过多年的苦战，俄罗斯在同瑞典争夺北方出海口的"北方战争"中最终获胜。彼得一世宣布俄罗斯为帝国，同时接受臣下的拥戴，加冕为俄罗斯帝国皇帝，史称"彼得大帝"。到女皇叶卡捷琳娜二世（1729—1796）统治时期，俄罗斯帝国两次对外同土耳其作战，三次参加瓜分波兰，把克里木汗国并入俄国，打通了黑海出海口，领土空前膨胀，被称为"帝国的黄金时期"。

三、东西两大帝国的初步碰撞

16世纪，以莫斯科为中心的统一国家形成以后，俄罗斯的野心逐渐膨胀，开始四处兼并土地，扩充自己的版图。正如恩格斯所说："莫斯科大公们却只是在长期斗争之后，才终于摆脱了蒙古人的羁绊，开始把大俄罗斯的许多公国联合成一个统一的国家，然而这一成就看来只是助长他们的野心。"

伊凡三世时代 (1462—1505)，俄国

的领土只有二百八十多万平方公里，偏居于东欧东北角一隅。但到了20世纪初叶，俄国的面积已骤然增加到两千三百多万平方公里。如果按日期精确计算，从16世纪开始的四百年间，俄国平均每天占领一百四十多平方公里的土地。这种扩张的速度是十分惊人的，在世界殖民史上，俄国攫取土地之广大，也是罕见的。在俄国兼并土地的过程中，吞并西伯利亚显得尤为重要。西伯利亚连接中国东北地区和库页岛，与北美洲也仅有一条窄窄的白令海峡阻隔。从地理位置而言，它是沙皇俄国向美洲和东亚进一步扩张的交通枢纽。从16世纪末叶到17世纪中叶，哥萨克（突厥语，意思是"自由人"，原指从中亚突厥国家逃到黑海北部从事游牧的人，后泛称15—17世纪从俄罗斯农奴制压迫下出逃的农民、家奴和城市贫民，他们受沙皇政府雇佣作战，以英勇善战著称，曾长驱两万公里，将沙皇俄国的殖民势力扩展到太平洋沿岸。俄国用了半个多世纪时间，几乎鲸吞了西伯利亚的全部领土。

早在明末的崇祯五年（1632），沙俄已占据了叶尼塞河中下游和上游的部分地区。然后从北方来到勒拿河流域，建立了维柳伊斯克。1638年，俄国政府下令在勒拿河右岸成立"雅库茨克督军府"，1643年督军戈洛文下令将城迁到河的左岸，此后雅库茨克成了沙俄进一步向东北亚地区远征的指挥中心。

此后，俄罗斯在远东的扩张分为两个方向，一路向东北：1645年，俄罗斯军官米哈伊尔·斯塔杜欣抵达科雷马河，并先后建立了上、中、下科雷马斯克三个冬营地。1647年，俄军又建立了鄂霍次克堡。1711年，沙俄征服整个堪察加半岛，然后又向阿拉斯加和阿留申群岛挺进。扩张的另一方向则是向东南，1638年，俄国以雅库茨克为中心，分别从西部和北

部两个方向入侵贝加尔湖地区。先后建立了维尔霍连斯克（1642）、巴尔古津堡（1648）、伊尔库茨克（1652）等据点，为进一步南下和东进打下了基础。在占领贝加尔湖地区后，俄军以此为基地，一路南下直逼中国的蒙古地区，一路东进抵达黑龙江上游的石勒喀河，进而入侵我国的黑龙江下游地区。

面对沙皇俄国咄咄逼人的侵略锋芒，刚刚入关的清王朝此时的全部精力都集中在中原逐鹿的战争中。1644年（清顺治元年）清兵入关，李自成农民起义军在山海关外的战斗中失利，被迫放弃北京。清王朝由此开始了统一中国的漫漫征途。八旗主力入关之初，清廷考虑发祥地盛京地区的安全，便以内大臣何洛会为总管，统辖部分八旗官兵驻防盛京（今辽宁省沈阳市），还在兴京（今辽宁省抚顺市）、辽阳、凤凰城等城设立城守尉等官，留兵驻防。顺治三年（1646），东北地区改由盛京昂邦章京负责管理。顺治十年（1653），清廷决定将盛京昂邦章京所辖的黑龙江、松花江、乌苏里江流域，包括黑龙江上游的石勒喀河流域和库页岛在内的海中诸岛，划为单独的行政区，设置宁古塔（今黑龙江省宁安市）昂邦章京总管各项事务。康熙元年(1662)，清廷将盛京昂邦章京和宁古塔昂邦章京分别改为"镇守辽东等处地方将军"和"镇守宁古塔等处地方将军"。

"宁古塔"一名来自满语音译，是清代东北军事重镇。据《宁古塔记略》载：相传满洲先祖兄弟六人，曾在此地居住繁衍。满语称"六"为"宁古"，称"个"为"塔"，故名"宁古塔"。该地是清代宁古塔将军的治所和驻地，是清廷统辖黑龙江，吉林地区的军事、政治和经济中心。有新旧两城，相距二十五公里。旧城位于牡丹江左岸支流海浪河南岸，今为黑龙江省海林县旧街镇。

康熙五年（1666）迁建新城于今黑龙江省宁安县城地。其地原为渤海故壤、上京龙泉府故址，距今县城三十五公里（今宁安东京城）。顺治十年（1653）设昂邦章京（意为都统）镇守，长期为清统治东北边疆地区的重镇。每年六月，派出官员至黑龙江下游普禄乡，收受库页岛（今萨哈林岛）居民贡貂。17世纪中叶，俄国哥萨克侵扰黑龙江流域，清朝多次由此地派兵征讨。

虽然清廷在入关前后初步强化了东北地区的管理行政机构。但早在明崇祯十六年（1643），沙俄雅库茨克督军就已经派遣波雅尔科夫翻越外兴安岭，进入

鄂伦春族居住的精奇里江（今吉雅河），这是第一批侵入我国东北的俄国人。他们在中国境内烧杀抢劫，无恶不作，甚至在这一年冬天吃掉了五十个当地中国居民。波雅科夫匪帮由精奇江里窜至黑龙江，顺流而下，沿途骚扰抢劫，遭到当地中国各族人民的坚决抵抗，被迫于1646年从黑龙江口渡过鄂霍次克海逃窜回雅库茨克。顺治六年（1649），俄国政府派遣哈巴罗夫率领七十名哥萨克，对我国黑龙江流域再次进行武装入侵。1650年初，哈巴罗夫越过外兴安岭，窜到黑龙江的支流鄂尔河口。顺治八年（1651），哈巴罗夫匪帮得到俄国政府的增援后，占据我国达斡尔族领袖阿尔巴西的住地雅克萨。同年六月，这伙匪徒又窜到黑龙江畔的古伊古达儿村，无理地命令村里的达斡尔人归顺沙皇，并向沙皇缴纳赋税。达斡尔人拒绝了他们的要求，结果遭到惨绝人寰的大屠杀。俄国侵略者们"杀死

了大人和小孩六百六十一人"，抢走妇女二百四十三人，儿童一百一十八人，合计一千零二十二人，几乎是古伊古达儿村的全部人数。

在这一年的秋天，哥萨克骑兵袭击了瑷珲城(今属俄罗斯国境)，到达黑龙江下游赫哲人居住的乌扎拉村，四处抢劫。赫哲人一面抵抗一面向驻守在宁古塔的清军报警。宁古塔章京海色奉命率领八旗兵包围了乌扎拉村，与俄军展开激战。战斗中双方均伤亡惨重，哈巴罗夫被迫向黑龙江上游撤退。顺治十年（1653年），哈巴罗夫率残余俄军回到莫斯科。

顺治十一年(1654年)，野心不死的沙俄又对我国东北地区发动第三次武装入侵。由斯捷潘诺夫带领几百个哥萨克在中国境内骚扰掠夺，无恶不作。此时，沙俄的入侵已经引起清政府对东北边疆形势的强烈关注。早

在一年前朝廷就"命镶蓝旗梅勒章京沙尔虎达，为昂邦章京（都统）镇守宁古塔地方"，以抵抗俄国入侵，保卫边疆的安宁。

沙尔虎达（1599—1659），瓜尔佳氏，隶属满洲镶蓝旗。其祖先为女真苏完部人，世代居住在虎尔哈（今黑龙江省宁安市）。清太祖努尔哈赤天命初年，沙尔虎达随军进攻瓦尔喀部有功，被授予备御世职。太宗天聪初年，他又出征大凌河及遵化等地，升任游击世职。崇德初，沙尔虎达曾经一度担任议政大臣的要职，但不久就被撤职。顺治初年，他随清军入关进攻李自成农民军，后来又在剿灭叛清将领金声桓的战斗中立有大功，恢复了议政大臣的官职。关内战争基本结束后，沙尔虎达被任命为满洲镶蓝旗固山额真，奉命驻防宁古塔（今黑龙江省宁安市）。

此时，身负重任的沙尔虎达果然不

负众望，率领清军严守边疆，几次打退侵略者的进犯并给俄军以致命的打击。顺治十五年(1658年)七月，斯捷潘诺夫率五百名哥萨克人到松花江上，同时沙尔虎达率领清军在松花江与牡丹江汇流处严阵以待。经过一场激战，清军打死和活捉二百七十余名哥萨克，并击毙了斯捷潘诺夫，有功将士尽皆受赏。顺治十七年，沙尔虎达的儿子宁古塔昂邦章京巴海又在黑龙江下游的古法坛村击败俄国侵略者，至此，入侵黑龙江中下游的俄军残部全部被肃清。

但是，此时的清政府正忙于镇压关内抗清斗争，巩固其在全国的统治。俄军的这一次入侵并没有引起清政府的足够重视，既没有乘胜兴建城堡，也没有派军队屯田戍守，而沙俄却时刻都在梦想着吞并富饶的黑龙江流域。俄国侵略军仍占据着黑龙江上游的尼布楚城。

尼布楚位于今俄罗斯赤塔州境内的

涅尔恰河畔。该地在清朝初期属于我国蒙古族的游猎地，后来被沙俄侵占并建立据点，改称"涅尔琴斯克"。1689年，中俄双方使团在尼布楚城签订条约，同意中国和俄罗斯以额尔古纳河、格尔必齐河为界，并将尼布楚地区划入俄罗斯国版图。清中期以后，尼布楚成为中俄两国边境贸易的中心之一，但西伯利亚铁路落成后，尼布楚的地位被赤塔取代。

康熙四年(1665年)冬，一伙俄军由尼布楚出发，重新占领了雅克萨城。俄军在尼布楚和雅克萨筑寨堡、修工事，建立殖民据点，并以此为根据地，不断向黑龙江中下游扩张、侵扰。尽管清政府不断交涉，多次警告、抗议，但仍无济于事，侵略者更加变本加厉，到处烧杀抢掠。东北边疆出现了更严重的危机。康熙帝终于决定，以武力驱逐沙俄侵略者。

四、雅克萨之战的军事部署

　　"雅克萨"是女真语的音译，意思是"涮塌了的江湾子"，俄罗斯人称之为"阿尔巴津镇"。它位于黑龙江上游左岸，在今天我国黑龙江省漠河市境内的额木尔河口对岸，地扼水陆要冲，形势险要、易守难攻，是我国东北历史上著名的边疆古城之一。雅克萨原为达斡尔族敖拉氏的住地。清顺治七年（1650年），以哈巴罗夫为首的沙俄侵略军强占雅克萨，修筑城堡，世代居住在雅克萨一带的达斡尔族人被驱赶到嫩江流域。

由于雅克萨、尼布楚等地在内的东北地区是清王朝的龙兴之地，也是其在关内一旦难以立足时的最后容身之地，所以清廷绝不允许自己的战略大后方出现任何的不稳定状况。因此，驱逐侵略者，收复失地就成了政权初步巩固后，清朝统治者的强烈愿望。康熙帝更是明言："朕亲政之后，即留意于此，细访其土地形胜、道路远近及人物性情。"康熙十年(1671年)九月，年方十八岁的康熙帝，在首次东巡拜谒祖陵时，就指示宁古塔将军巴海："罗刹虽云投诚，尤当加意防御，操练士马，整备器械毋坠狡计。"可见康熙帝早已密切关注着东北的边防。但是，随后，清政府陷入了长达八年的平定三藩之乱的战争中，没有

足够力量解决东北边疆危机, 直到康熙
二十年(1681年)平定三藩叛乱之后, 清廷
才将注意力集中到东北。

巴海 (? —1686) 是清初宁古
塔昂邦章京沙尔虎达的儿子, 瓜尔
佳氏, 满洲镶蓝旗, 以佐领官职入
仕。顺治十四年 (1657) , 他被
授予秘书院侍读学士的
官职, 同年八月, 充经
筵讲官。顺治十六
年 (1659年) , 其
父沙尔虎达病逝
后, 巴海奉命接
任父职。康熙元
年 (1662年) 宁古塔昂邦
章京改称宁古塔将军,
巴海成为宁古塔首任将
军。巴海是清初率领宁
古塔军民抗击沙俄的重
要将领, 堪称民族英雄。

康熙二十一年(1682)，康熙帝再次去盛京告祭祖陵，并巡视吉林乌拉（今吉林市）等地。康熙帝于二十一年（1682年）二月十一日特谕宁古塔将军巴海："今以云南等处底定，躬诣盛京告祭三陵，意欲于扈从人等喂养马匹之暇，观看乌拉地方。"二月十五日，他率文武大臣扈从人等从北京出发，三月初四日，到达盛京。至三月十一日，告祭福陵、昭陵、永陵大典分别举行完毕。第二天，从兴京（辽宁新宾）出发，经哈达城（辽宁西丰），出柳条边，巡行乌拉地方。他在写给祖母孝庄太皇太后的信中说:"兹因大典已毕,敬想祖宗开疆非易,臣至此甚难,故欲躬率诸王、贝勒、大臣、蒙古等,周行边疆,亲加抚绥,兼以畋猎讲武。"将军巴海至中途阿尔滩诺门地方迎接,一路行围射猎,于三月二十五日到达吉林乌拉地方,在松花江岸,康熙率皇子及扈从诸王、所有文武官员向东南,望祭长白山——传说中的满族兴起之地,行三跪九叩头大礼。在吉林小憩两日,于二十七日泛舟松花江上,驶往大乌拉(今吉林乌拉街)。清澈的松花江水波光粼粼,两岸山川秀丽,江上水

师船队浩浩荡荡。康熙张目四望，触景生情，挥笔作《松花江放船歌》：

松花江，江水清，夜来雨过春涛生，浪花叠锦绣毂明。

彩帆画鹢随风轻，箫韶小奏中流鸣，苍岩翠壁两岸横。

浮云耀日何晶晶？乘流直下蛟龙惊，连樯接舰屯江城。

貔貅健甲皆锐精，旌旄映水翻朱缨，我来问俗非观兵。

松花江，江水清，浩浩瀚瀚冲波行，云霞万里开澄泓。

康熙帝在诗中用"我来问俗非观兵"表述此行的目的，更是包含了深刻的寓意，抒发了他将要统率八旗劲旅乘流直下，驱逐沙俄侵略军的豪情壮志。实际上，康熙帝此行的目的绝非"问俗"，而恰恰就是"观兵"——借祭祖的机会巡视东北边防，亲自勘查地理状况，为即将到来的反击沙俄侵略的战斗做好准备。此时，南方的三藩之乱已经平定，为消除北方外患创造了有利条件。康熙腾出手来加强东北边疆实力，准备战胜俄国侵略者。如此，便不可能不观兵，事实也确是如此。

康熙帝在此次巡查过程中，重点查看了可能作为战争前进基地的吉林乌拉地区情况。吉林，旧名船厂，自明初即为我国重要造船基地之一。清初以来，出于抗俄斗争需要，造船之外更兼以训练水师。顺治十八年（1661年），清廷在此始设吉林水师营，"以迁移人充水手"。康熙十三

年（1674年），水师营总管移至黑龙江，吉林仍保留一部分水师，派官管理，训练水军，制造船只。康熙十五年（1676年）春，康熙帝以吉林水陆要冲的战略地位，决定将宁古塔将军移驻于此，进一步充实水陆官兵。史书上说："建木为城，倚江而居。所统新旧满洲兵二千，并徙直隶各省流人数千户居此。修造战舰四十余艘，双帆楼橹与京口战船相类。又有江船数十，亦具帆樯。日习水战，以备老羌（沙俄）"。此外，清廷又在吉林乌拉西北七十里的大乌拉，亦称打牲乌拉，设有打牲乌喇总管衙门，隶内务府，为皇帝采捕东珠、蜂蜜、松子和鲟鲤鱼，其下有"额设捕珠大船七只，向由吉林水师营备领，威呼（满语，独木船）三百九十九只，内协领衙门四十只"。这样，吉林乌喇及大乌喇两城及其间沿松花江的七十里水域，便成为修造船舰、训练水兵的重要战备基地。皇帝亲临此地，岂有不观兵之理。

将军巴海将所有大小数百船只和精锐官兵全部集中，排列阵式，供皇帝检阅，所以才出现"乘流直下蛟龙惊""旌旄映水翻朱缨"的雄伟壮观场面。康熙在吉林的十二天活动，达到了观兵讲武以备战抗俄的目的。那么，他为何又在歌中说"我来问俗非观兵"呢？这不仅反映了皇帝以诗歌形式抒发情怀的高超笔法，暗示他并不喜欢穷兵黩武；而且，也如实地表达了他的根本施政方针——问俗与观兵二者必须统一。抗击外国侵略者固然依靠军事，但必须"重民生"。只有关心军民疾苦，缓和内部矛盾，军民上下戮力同心，才能壮大军事，抗击外敌。为了更好"观兵"而"问俗"，是他此行活动的重点，故此次东行，他曾广为"问俗"：赦免罪犯，蠲免钱粮。在盛京谒祭福陵、昭陵礼竣，谕户部、刑部："山海关以外，及宁古塔等处地方，官吏军民人等，除十恶等真正死罪不赦外，其余已结未结一切死

罪，俱著减等发落。军流徒杖等犯，悉准赦免。奉天、锦州二府，康熙二十一年地丁正项钱粮，著通行蠲豁，其官役垫补包赔等项应追银两，察果家产尽绝，亦并豁免。"康熙东巡至乌拉地方，见"风气严寒"，考虑到由内地发遣来的人犯水土不服，深为不忍，因而谕令刑部："以后免死减等人犯，俱著发往尚阳堡（辽宁开原东安）安插。其应发尚阳堡人犯改发辽阳安插。"在反叛案内应发乌拉地方人犯，"只令其当差"，不必给人为奴。

严禁诬拿无辜之人。松花江上泛舟之后，兵部议复巡查采参官兵给赏定例，同意"视缉获多寡，分别议叙"。康熙则认为，"甚为允当"。但"恐非系采参之人，妄有拘执，夺其资财，俾子身采捕他物者，无故罹害"。于是，令补议条款："巡踪章京兵丁，诬拿无辜之人，将章京革职，兵丁枷号两个月，鞭一百。"若趁机夺取财物者，章京不仅被革职，而且要交

与刑部议罪，兵丁再多枷号一个月。从而保证了那些经过批准发给信票的打牲、采集等正常生产活动不受干扰。

改革官员补授办法。同年五月初四日，康熙结束为期七十九天的东巡。之后，仍继续解决在东北发现的种种问题。从前盛京看守陵寝及山海关等处城守章京员缺，俱令其子弟顶补，后停止此例，改由京师补授。这次东巡发现，章京员缺尽从京师补授办法颇有欠缺，不仅新官阖家北迁，路途遥远，往返艰难，视为畏途；其前任章京所遗孤孀将房屋田地交给所补之员，生活无依，困苦日甚。因此，康熙于五月初十谕户、兵、工三部："嗣后盛京看守陵寝及山海关等处城守章京员缺，不必要自京补授，著于伊等子弟内，令该将军选择贤能者，具题引见顶补，以免其往返迁移之苦。倘伊等子弟无人堪用，别有补授发往之员，可另拨田庐给与，其前任章京田房仍行留给，不必掣出，令其孤孀得所。"不久，适值从北京所补的奉天副都统查库拒不赴任，康熙给查库以革职处分，提升刚从参领提为昭陵总管的佟宝为奉天副都统。后来又提升佟宝为护军统领、黑龙江将军等高级职务。官员补授办法的改革，出于康熙对官员及其家属的关心，有助于培养选拔东北地方官员；田庐产业的得以保留，使国有旗地逐渐向私产演变，鼓励驻防东北的八旗官兵世代安居，建设东北。

革除兵丁部分差徭。康熙至吉林地方访询军民疾苦，见兵丁役重差繁，劳苦至极。回京之日，已降特旨纠正。五月十九日，再谕宁古塔将军巴海、副都统萨布素、瓦礼祜等，具体规定如下：1. 停止最妨农事、徒劳人力之寻捕鹰鹘窝雏之役；2.八月放鹰、寒冬寻觅山鸡，人马劳顿，亦行停止；3. 围猎讲武不可无时，并且必须关心贫人，分给其猎获物，不可时加责罚，不得被狂兽误伤；4. 停止打鲟鳇等鱼差役。康熙还特别告诫将军以下各级官员，体恤兵丁，时加怜悯，鼓励农业生产。他说，"吉林乌拉田地米粮甚为紧要，农事有误，关系非细，宜劝勉之，使勤耕种"。

在广为整顿东北军政事务的同时，康熙通过与俄国的长期交往，深感没有强大的武装，不建立巩固的边防，不经过激烈的战争，是不可能让俄国轻易地放弃侵略，撤出中国领土的。同时，他也清醒地认识到：中俄两国都是实力雄厚的大国，不可能用军事力量彼此压服。在初期的军事斗争后，必将通过和平谈判，划定两国的边界线，才能最终解决疆界问

题，保持长期的和平。因此，康熙帝在东北地区巡视考察后，从实际出发制订了军事斗争、外交谈判和充实边防三者并举的战略方针，并在这一大政方针的指导下制订了周密的计划，进行了细致的准备工作。

（一）建立军事基地，驻兵屯田

清初，黑龙江沿岸没有清军驻防，距离黑龙江地区最近的驻防城宁古塔也在千里之外。康熙帝为避免与俄军"我进则彼退，我退则彼进，用兵无已，边民不安"的历史重演，为达到东北边疆长治久安的目的，在经过慎重考虑后，最终决定，"于黑龙江（即瑷珲）、呼马尔二处，建立木城，与之（俄军）对垒，相机举行"。随后，命令宁古塔副都统萨布素等领兵前往黑龙江筑城屯田，防备沙俄的劫掠。萨布素（1629—1701），富察氏，满洲镶黄旗人。他出身寒微，人到壮年才挑补披甲，后任笔帖式（书记官）。顺治九年(1652年)，担任宁古塔总笔帖式。康熙元年(1662年)，又改任骁骑校一职。康熙十七年（1678年）八月，萨布素接替升任奉天将军的安珠瑚，任宁古塔副都统。康熙二十年(1681年)，清廷平定"三藩之乱"后，解除了后顾之忧，遂把精力转向东北防务。康熙二十一年，康熙帝决定出师北上，全面反击沙俄侵略。康熙二十二年（1683年）十月，清廷正式设黑龙江将军，萨布素被任命为第一任将军。黑龙江将军的设置，标志着东北三将军分辖体制的正式形成，对抗击沙俄侵略，开发和建设东北边疆都具有深远的意义。

萨布素临危受命之后，立即着手在黑龙江东岸建立瑷珲城（瑷珲，地名，是我国清代黑龙江将军辖区的军事重镇之一，在今黑龙江省黑河市爱辉区南三十五公里。也称作"艾浒、艾虎、艾呼、艾浑、

爱珲",皆为一些少数民族语的不同汉语译音。汉语称"黑龙江城",满语称"萨哈连乌拉霍通"。1858年后始出现"瑷珲"字样),并以此作为将军驻地和前线清军大本营。康熙二十三年(1684年),萨布素又于黑龙江西岸新瑷珲地方另筑一城,移将军衙门于此,江东旧城留兵驻守。瑷珲城和黑龙江城夹江而立,形如双钳,宣告清军已经在黑龙江上布置好营垒。

康熙二十二年(1683年)夏天,第一批乌拉、宁古塔官兵1500人到达瑷珲。康熙二十三年,又有乌喇、宁古塔及增派的达斡尔官兵1000人携带家属到黑龙江屯田驻守。康熙二十四年,清廷派遣盛京的八旗官兵前往黑龙江开垦耕地1500余晌,并教导素来以渔猎为生,不习农事的达斡尔、索伦人以耕作之法,使得他们"课耕有法,禾稼大收"。至此,清廷在黑龙江的军事基地已经建立,为进一步的军事进攻做好了准备。

（二）解决战争过程中的后勤供应问题

兵马未动，粮草先行，自古以来，莫不如此。保证充足的粮食供应，对清军能否在雅克萨之战中获胜尤其重要。

清朝以前，东北地区南部的辽河流域，始终是粮食生产基地。清初，经过顺治一朝和康熙初年的大力招民开垦，当地的粮食生产已经恢复到明代的水平，完全能够满足反击沙俄的军事需要。然而，如何把粮食运到黑龙江流域的八旗驻地，这是清军面临的首要的问题。从陆路运输行程数千里之遥，成本太高，只有依靠水路运输才能满足大军的作战需要。于是清廷决定从辽河将粮食运至松花江再经松花江运至黑龙江，然后从黑龙江逆流而上至瑷珲城和黑龙江城储存。为此，设立储备粮仓四处，"内地设于巨流河之开城(今辽宁省开原)，边外设于邓子

村(吉林省郑家屯), 乌喇设于易屯门(今吉林省伊通) 及易屯口。农隙之时, 运米贮于开城仓内, 以春秋二季舟运至邓子村交卸。自邓子村至易屯门, 百里无水路, 车运至易屯门仓内, 由易屯河(伊通河)舟运出易屯口竟达混同江"。运送粮食的船只和水手, 全部由东北三将军自己解决。为运送粮食, 清廷总计建造运粮船只二百八十艘, 动员水手两千七百人, 他们从康熙二十二年起, 连续向黑龙江前线运送粮食。

(三) 修造战船, 解决水路运输和战争的需要

以往清军向黑龙江前线运输粮食的船只, 只有大船八十艘。然而这些大船主要是运载粮食和重武器, 逆水行驶时, 还需要纤夫在两岸拉纤而行, 根本不能用来配合陆上部队作战。有鉴于此, 议政大臣郎坦在"平罗刹之策"中向康熙帝建

议再造小船五十六艘，专门用于战场上使用。康熙帝很重视这个建议，命令户部尚书伊桑阿，带领良匠，前往宁古塔修造战船，"前投诚入旗的林兴珠等系福建人，今着彼前往演习，庶有裨益"。

林兴珠（1628—?），原名进周，字而梁，民间尊称他为"林侯"，永春县升平里（今福建永春县蓬壶镇汤城村）人。清顺治六年（1649年），与叔父林日胜追随郑成功举抗清义旗，聚众数千，据永春帽顶、马跳诸寨，牵制清军。林兴珠在郑成功帐下时见识过藤牌兵的威力，熟悉其使用技巧。顺治十三年（1656年），清军攻破帽顶寨，林日胜与林兴珠降清。随后林兴珠在"三藩之乱"中反击吴三桂叛军有功，康熙十七年（1678年），康熙帝召林兴珠入京，授銮仪卫銮仪使，赐封建义侯，属籍镶黄旗。雅克萨之战中，林兴珠曾两次奉命率福建藤牌兵前往反击沙俄

侵略者, 战功卓著。

(四) 设置驿站, 便于传递军情, 加强与中央政权的联系

黑龙江将军萨布素修筑瑷珲和黑龙江两城之后, 如何保障宁古塔将军与黑龙江将军之间的通讯联络, 就成为当务之急。为此清政府决定: 自黑龙江城至吉林乌拉城(今吉林市), 沿途设置十个驿站, 每站驿夫二十人, 遇有紧急情况, 乘蒙古马疾驰报告, 寻常事宜则循十驿而行。康熙二十三年(1684)二月, 户部郎中包奇、兵部郎中能特和理藩院郎中额尔塞, 奉命前往吉林乌拉设置驿站。他们出发前, 康熙帝亲自接见并且强调说: "此乃创立驿站之地, 关系紧要, 尔等会同彼处将军、副都统, 询明熟识地方之人, 详加确议安设。"包奇等人赴东北后, 经过仔细丈量, 从吉林乌拉城至黑龙江城有一千三百四十里, 由于路途遥远, 原来计划的十个驿站改为十九个。

（五）调兵遣将，部署全局

康熙二十三年（1684年）九月，康熙帝考虑进攻雅克萨关系重大，下令八旗都统瓦山等人前往黑龙江，会同萨布素议定清军攻取雅克萨的计划，同时着手征调部队以加强前线清军的力量。如选派善于水战的福建藤牌兵五百人，前往东北前线助战；命直隶、山东、山西、河南巡抚，每省派熟悉火器兵二百五十人，并选贤能官员各四人，预备火器送京师以备协攻雅克萨城；调杜尔伯特、扎萨特蒙古兵五百人维护自墨尔根至雅克萨之间的驿站交通；副都统马喇等人所饲养的大批军马事先预备于嫩江岸边的齐齐哈尔，以保证战场上清军有充足的马匹使用；蒙古科尔沁十旗应于康熙二十四年进贡的牛、羊诸物，也被下令不必送到北京，全部改送黑龙江前线。

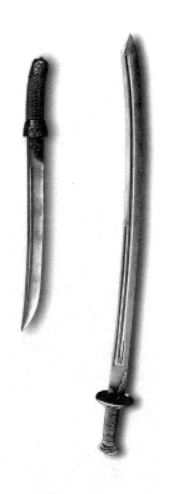

为加强前线清军的领导，清廷遣派八旗都统彭春赴黑龙江任清军主帅，派副都统班达尔善、护军统领佟宝等参赞军务。

彭春（？—1699），也作朋春，董鄂氏，清朝将领，满洲正红旗人。顺治时袭一等公爵。康熙时先后担任太子太保、副都统、都统等职。曾与郎坦率兵视察被沙俄侵占的我国雅克萨一带形势。康熙二十四年(1685)，彭春作为全军统帅与郎坦一同率何佑、林兴珠等将领统兵围攻雅克萨，获胜而还。

（六）肃清黑龙江中下游的俄军，稳定战略后方

清军进驻黑龙江之时，沙俄侵略军派格里高里·梅尔尼克指挥六十七名哥萨克乘船六艘，增援在恒滚河(今俄罗斯阿姆贡河)上的哥萨克匪帮。清军派索伦总管博定率军将其包围，收降、俘获了

三十一人，逃匪被达斡尔族击毙十五人。清军由精奇里江上溯，平毁了多隆斯克和塞林宾斯克。各族人民也配合清军作战。康熙二十二年十一月，萨布素奏报：牛满河奇勒尔族奚鲁噶奴等杀罗刹（明、清时，称俄罗斯为"罗斯"或"罗刹国"）十余人；鄂伦春之朱尔铿格等于精奇里江杀罗刹五人；费牙喀人也击杀罗刹甚多。

康熙二十三年正月，清军将领鄂罗舜向黑龙江下游进击，招降俄军二十一人，获鸟枪二十杆并解救鄂伦春人质三人，光复了图古尔斯克和乌第斯克，残余的沙俄匪徒顺黑龙江入海，狼狈逃回老巢雅库茨克。至此，在当地人民的配合下，清军拔掉了黑龙江中下游的许多侵略据点，从而得以集中兵力，攻打雅克萨城。

清政府在武装反击沙俄入侵的同时，也进行了一系列的外交努力，希望避免中俄两国战争，用和平谈判的方式解

决沙俄侵略中国领土的问题。

　　早在康熙九年(1670年)春, 宁古塔将军巴海就奉命派员前往尼布楚投递文书, 对沙俄侵略我国黑龙江流域提出质问, 要求遣返逃犯根特木儿, 并提议俄方派人来北京商谈具体问题, 以期改善两国关系。但俄方却认为中国的克制行动是软弱可欺, 并进一步提出一系列无理要求, 最终导致北京的谈判未能取得任何结果, 两国关系进一步恶化。康熙十五年(1676年), 俄国政府派尼果赖·加甫里洛维奇·米列思库以大使名义率使团出使北京。尼果赖出身于摩尔达维亚的贵族家庭, 曾长期在摩尔达维亚的宫廷供职, 后来他图谋篡夺君权未遂, 按叛逆犯治罪, 割去鼻孔间的软骨, 并被驱逐出境。1671年, 尼果赖经东正教会介绍前往莫斯科, 在俄国外交事务衙门任议员, 由于擅长搞阴谋权术, 受到上司赏识, 很快便在沙俄外交界显露头角。五月初五, 尼果赖到达北京呈递国书之后，五月十五日和六月十一日，康熙帝先后在太和殿和保和殿两次接见俄国使团，以茶酒款待，希望与使团谈判解决中俄边界的争端。清廷提出："嗣后勿于边界地方侵扰，若能如此，两国方能修好，派使交易。"尼果赖却装做不知晓俄军入侵中国的情况，拒绝谈判边界问题，并无理要求清政府每年运送白银、丝绸、宝物到俄国。沙皇政府派使团到中国，并非和中国谋求和平，真正的目的在于为进一步侵略获取情报。当时中国发生了三藩之乱，清政府正全力与叛军作战，东北边防空虚。康熙十五年（1676年）七月二十四日，尼果赖使团离京回国。当时，俄国使团的外交活动是其军事侵略活动的一种辅助手段，是与在黑龙江流域的武力扩张紧密配合的。尼果赖到达北京的这一年，沙俄开始在东西伯利亚推行积极的扩张政策。他在北京期间，暗中勾结外国耶稣会传

教士，窃取大量情报，回国后极力鼓吹并策划对中国的进一步侵略。尼果赖向沙皇汇报："现在有两千名陛下的正规军，那么，不仅达斡里亚地区，而且中国长城以外的所有土地都可能臣服于陛下的统治。"

康熙帝试图通过外交途径索要根特木儿，制止俄军进犯，交涉十余载，作出了相当大的努力，但这些不懈的努力既没有、也不可能使侵略者回心转意。清政府是在外交努力未果，和平谈判落空的情况下为保卫国家领土主权的完整和人民生命财产的安全，才决定以武力驱逐沙俄侵略者。

清政府在积极备战的同时，仍没有放弃和平解决争端的努力。康熙二十二年(1683年)九月，康熙帝谕令清朝理藩院尚书阿穆瑚琅，再次行文俄国外交机构，希望俄军撤离中国领土，免兴干戈，文中说："若改前过，将根特木尔等逃人送来，急回本地，则两相无事，于彼为益不浅。倘犹执迷不悟，留我边疆彼时必致天讨，难免诛罚。"但俄国方面对清政府的严正警告置之不理，反而加紧对雅克萨的军事增援，招募哥萨克，贮存粮食物资，修筑工事，加固城防，准备与清朝进行武力对抗，一场战争已不可避免。

五、第一次雅克萨攻城战

康熙二十四年(1685年)正月，康熙帝下达以武力收复雅克萨的命令。他指出："兵非善事，不得已而用之。向者罗刹无故犯边，收我逋逃，后渐越界而来，扰害索伦、赫哲、飞牙喀、奇勒尔诸地，不遑宁边；剿劫人口，抢掳村庄，攘夺貂皮，肆恶多端。是以屡遣人宣谕，复移文来使，罗刹竟不报命，反深入赫哲、飞牙喀一带，扰害益甚。爰发兵黑龙江扼其往来之

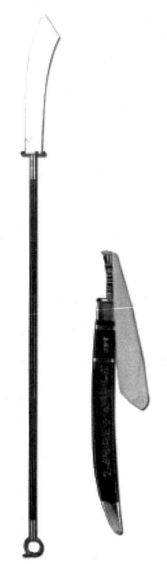

路，罗刹又窃据如故，不送还逋逃，应即剪灭。"

在清军向雅克萨进发之前，清政府再一次做了外交努力，三月十七日，康熙帝致信沙皇，要求俄军撤出雅克萨，以雅库等某地为界，和睦相处，否则出兵征讨雅克萨。俄方仍不予答复。于是，康熙帝任命都统彭春为统帅，副都统班达尔善、护军统领佟宝、副都统马喇、銮仪使林兴珠参赞军务，率领清军三千人向沙俄军队盘踞的雅克萨城进发。

清军出发前，康熙帝向彭春等传谕："朕以仁治天下，素不嗜杀，尔其严谕将士，毋违朕旨，以我兵马精强，器械坚利，俄罗斯势不能敌，必献地归诚，尔时勿杀一人，俾还故土宣朕柔远至意。"这道谕旨，指导了清军正确执行对敌斗争政策，也为与沙俄谈判敞开了大门。

康熙二十四年（1685年）四月二十八日，黑龙江上江风浩荡，波涛汹涌，瑷珲城下旌旗飞扬，号角齐鸣。满、蒙、汉、索伦、达斡尔、鄂伦春、赫哲、鄂温克等各族大军齐集此地，同仇敌忾，秣马厉兵，誓与沙俄侵略者决一死战。在隆隆的战鼓声中，船队扬帆起锚，溯江而上；骑兵催动坐骑，铁流滚滚。正当行军途中肉食匮乏之际，清军突遇鹿群，捕获鹿五千余只，全军饱餐野味，斗志更加旺盛。

五月二十二日，清军抵达雅克萨城郊。本着先礼后兵的原则，彭春派俄军俘虏把用满文、俄文、拉丁文书写的文书送入雅克萨城内，向俄军发出最后通牒，要求俄军撤出雅克萨，返归俄国。但是，俄军头目托尔布津自恃巢穴坚固，拥有士兵四百五十人，炮三门，鸟枪三百支，拒不投降，要以武力抗拒。清军于五月二十三日分水陆两路列营攻击。陆师布于城南，集战船于城东南，列炮于城北。二十四日，清军截击了一队沙俄援军，击毙三十余人。二十五日黎明，清军向雅克萨城发

起总攻。

清军采取在四面合围的同时采取攻击战术。主帅彭春、班达尔善等率八旗兵攻击城南，何佑等将领把战船集中到雅克萨城的东南，又将红衣大炮安置在城北制高点，使火力范围几乎覆盖全城。副都统温代等将驻守城西，全军四面同时进攻，俄军腹背受敌难以支撑。经过一昼夜激战，守城俄军遭到沉痛打击，清军又在城下三面堆起木柴，声称要火攻。俄军雅克萨督军托尔布津在内无粮饷，外无援兵的情况下，走投无路，被迫遣使乞降，要求在保留武装的条件下撤离雅克萨。清军经过慎重考虑，同意了残余俄军的投降请求。在受降仪式上，托尔布津发誓绝不再来。清军统帅彭春按照康熙帝出发前的旨意，释放了全部俄军战俘，允许他们带走武器和财产，并将七百余俄国人送至额尔古纳河口，遣返回国。另有四十五名俄军连同家属愿意留在中国，清军遵照康熙帝的旨令，将他们安插在盛京。清军从雅克萨城中解救出被掳索伦、达斡尔等族人一百六十余名。至此，清军取得第一次雅克萨之战的全胜。康熙帝接到前线捷报，高兴地对大臣们说："破四十年盘踞之俄罗斯于数日之间，获雅克萨之城，克奏厥绩。"清军获胜后，康熙帝要求清军加强黑龙江地区防御。他在六月十四日的谕旨中告诫前线将领："至雅克萨城，虽已攻克，防御决不可疏，应于何处永驻官兵弹压，此时即当定议。"随后又下旨，让大学士勒德洪等人与议政王大臣等会议具奏。然而彭春等人在收复雅克萨之后，并未将城墙及房屋彻底平毁，仅仅焚烧了城内房屋，城周的庄稼未割，哨所未立，全部清军就撤回休整，以至两个月之后，俄国人乘隙重新回到雅克萨，在该地发现了大量粮食和建筑材料，从而得以迅速地重建雅克萨城。

六、第二次雅克萨攻城战

　　第一次雅克萨之战失败后，托尔布津率残军从雅克萨撤回尼布楚，但其侵略的野心不死，仍时刻准备卷土重来。这时，由拜顿率领的六百名沙俄援军赶到尼布楚。托尔布津在受降仪式上虽然发誓不再返回雅克萨，但他侵略的野心不死。在得到国内增援，并侦知清军全部撤离雅克萨后，托尔布津决定背弃誓言，率领俄军在七八月间分批重返雅克萨，并全力构筑城堡工事，做了长期固守的准备，此时距俄军的战败投降才不过两月有余。

康熙二十五年（1686年）二月，康熙帝得知俄军重新占领雅克萨城，感到事态严重，认为："今罗刹复回雅克萨，筑城盘踞，若不速行扑剿，势必积粮坚守，图之不易。"康熙帝立即调兵遣将，部署第二次雅克萨之役。他命令黑龙江将军萨布素加紧整修战船，并统领乌拉、宁古塔官兵，驰赴瑷珲（黑龙江城），率所部两千人攻取雅克萨城。又再次挑选福建藤

牌兵四百人，由建义侯林兴珠率领前往萨布素军前效命。命从副都统博定率领的筑城、屯田官兵中挑选二百人，驻扎在墨尔根（故址在今黑龙江省嫩江）以备增援。免除索伦、达斡尔等部落当年贡赋，命令他们饲养马匹、整修器械，以备调用。由于郎坦、班达尔善两人参加了第一次雅克萨攻城战，熟悉当地地形，因此康熙帝命二人赶赴黑龙江军前，参赞军务。鉴于这次俄军去而复至，康熙帝特别指示："若得雅克萨城，即往尼布楚。事毕，还兵驻于雅克萨过冬，勿毁其城，亦勿损其田禾，俟（等）禾熟收为我饷。"

五月上旬，萨布素率领两千清军从瑷珲出发，月底逼近雅克萨。清军致信俄方，令其投降，俄军置之不理。此时，雅克萨城内有俄军八百二十六人，装备十二门大炮。残余俄军依托雅克萨残城旧址构筑工事。其城里外为木，中实以土，墙宽一丈五尺、高一丈，外涂以泥。俄军凭借

城防坚固, 火器充足, 退进要塞内部, 挖洞穴居, 冒死频繁出击, 致清军不能逼近城垣。六月一日, 清军水师占据黑龙江上游, 做好了阻击尼布楚俄方援军的准备。四日夜双方发生炮战, 清军通宵攻城, 未能攻克。八日夜, 清军攻取城南土埠, 占领了制高点。九日夜, 清军以红衣大炮的炮火作为掩护, 逼近城下筑垒。十日、十二日, 俄军乘大雾进攻土阜, 试图夺回制高点, 但均被清军击退。久攻不下之际, 清军将领集会商议, 认为"若不断其水道, 则持久难为力"。于是各路清军约定同时发动进攻, 奋勇直逼雅克萨城下, 掘长堑，筑土垒，准备长期围困。俄军对此深感恐慌，拼死反扑，双方激战四昼夜。在激战中"雅克萨督军"托尔布津被击毙，拜顿代其指挥。这时，清军已掘完长堑，筑成土垒，对俄军形成了瓮中捉鳖之势。七月八日，俄军再次出城争夺城北炮台，被守台清军击败，俄军从此困守城内。尼布楚督军弗拉索夫曾派七十名哥萨克前来增援，但远远望见清军壁垒森严，无法偷袭，只得狼狈退回尼布楚。

此时距离俄军重返雅克萨已有一年的时间，正如康熙帝所预料的那样，俄军"筑城盘踞""积粮坚守"。他们在旧址上建筑起一座更加坚固的城堡，城堡内修建了粮仓、火药库和军需仓库，贮备了大量粮食、弹药和其他物资。由于第一次雅克萨之战清军善后工作不力，以及俄军再次返回后做了充分的战争准备，雅克萨城一时难以攻下，清军和俄军在雅克萨形成了对峙局面。黑龙江上寒冷的

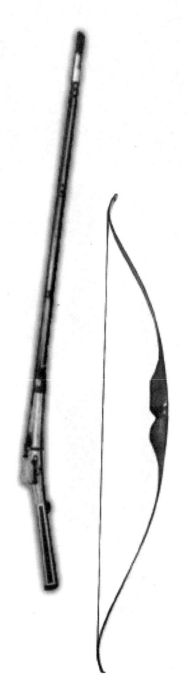

季节即将来到，清军只有两千余人，五十支火枪和少量火炮，其余的武器均为弓箭刀矛，攻坚能力较差。因此，清军停止了强攻，准备长期围困。萨布素等遵从康熙帝的旨意，对长期围困雅克萨作出如下部署：在雅克萨城周三面掘壕筑垒，壕外置木桩、鹿角，分兵把守；城西对面的江岸上，另外设置一军，防止俄军从江上逃跑；在离城六七里的黑龙江上游河湾内存放船只，并派遣一支军队守护，该部同时负有阻击尼布楚方面沙俄援军的使命；前线的全部军马送回黑龙江城和墨尔根喂养。康熙帝又怕清军围城的兵力不足，又命副都统博定率二百名清军增援。雅克萨城被清军重重围困，俄军如瓮中之鳖、插翅难飞。

在围困雅克萨的同时，康熙帝仍然没有放弃外交努力。他分析，俄军之所以死守雅克萨，是因为尼布楚等地的阻隔，使以往清廷致沙皇的书信未能送达；

也可能是雅克萨的俄国人都是有罪的囚徒，由于惧怕战败归国后受到严惩，所以拼死抵抗。巧合的是，荷兰使臣恰在此时来到中国，康熙帝于是决定再次致书沙皇，由荷兰使臣转交。在致沙皇的咨文中，清政府再次敦促沙俄撤回雅克萨的军队，遣返中国的士兵，并表达了希望两国划定边界，互不侵扰，永修和好的愿望。

随着时间的推移，清军长期围困的战略取得显著成效，至当年九月底，雅克萨城内八百多名俄军或战死、或病死，已仅剩一百五十余人，粮食弹药亦消耗殆尽，

山穷水尽之下，困守雅克萨的俄军只有坐以待毙了。

沙俄政府得知清廷决心收复雅克萨，获胜后将直捣尼布楚，大为恐慌。因为沙俄此时正深陷欧洲战场，无力向远东增援。为了巩固在远东侵占的地盘，沙俄政府不得不接受清政府的建议：通过谈判解决两国的边界争端。九月，沙俄派遣文纽科夫、法沃罗夫飞驰北京，投递国书，声称俄国政府已经正式指派费要多尔·阿列克塞耶维奇·戈洛文为大使，前来同清朝举行边界谈判，并请求清政府停战，"乞撤雅克萨之围"。

康熙帝在接到沙俄的停战国书后，决定单方面停战撤军、遂下令解除雅克萨之围："鄂罗斯察汗以礼通好，驰使请解雅克萨之围，朕本无屠城之意，欲从宽释，其令萨布素撤回雅克萨之兵，收集一处，于靠近战船处立营，并晓谕城内罗刹，听其出入，毋得妄行攘夺，俟鄂罗斯后使至定议。"康熙在雅克萨城唾手可得的情况下，主动撤军，意在早日促成中俄双方和谈，解决争端，划定边界，互通贸易，和平共处。

清军遵旨解围，并给俄军送去饮食、医药，派至前线的太医也为俄军治病。康熙二十六年（1687年）七月，喀尔喀土谢图汗奏报："鄂罗斯遣使请和，已抵臣境。"康熙于是命萨布素率前线清军撤回黑龙江城、墨尔根城。

由于中国方面倡议和平谈判并停火撤军，第二次雅克萨战争得以结束，中俄双方进入谈判阶段。

七、双方谈判使团的主要成员及规模

　　尼布楚谈判的俄方首席代表费要多尔·阿列克塞耶维奇·戈洛文是俄国派往中国的第一位全权大使，因此该使团规模超过了任何以往前往中国的俄国使团。该使团包括各类军役人员和工作人员，总共有两千余人。仅西伯利亚地方政府拨给各类军役人员的薪饷就达三万一千卢布，此外，还拨出两千卢布作为使团在达斡尔地区雇佣车马的费用。沙皇又另赐给全权大使戈洛文两千卢布的薪俸。

全权大使戈洛文在出使中国之前任御前大臣兼布良斯克总督。他的父亲阿·斯·戈洛文曾任西伯利亚首府托博尔斯克将军。戈洛文受过良好的教育，通晓数种语言。他精通拉丁语，在尼布楚谈判时能够用拉丁语向参加谈判的耶稣会教士讲演。虽然率团出使中国是戈洛文第一次担任外交使命，但他在这次出使过程中展现了自己的才华。1687年，他率兵向贝加尔湖地区的喀尔喀蒙古发动猛烈进攻。尽管当时俄国国内有舆论谴责他在贝加尔湖地区耽搁过久，延误了谈判，但是，事实证明，他采取的军事行动给清政府造成了压力，促使清政府在谈判中作出让步，同意将俄国梦寐以求的贸易条款写进条约。《尼布楚条约》也被认为是"俄国的一个重大胜利"。戈洛文回国后被授予贵族爵位，并被任命为西伯利亚总督。

　　清朝方面的首席谈判代表是领侍卫内大臣，大学士索额图（1636—1703），姓赫舍里氏，满洲正黄旗人，清朝开国功臣索尼的第二子，世袭一等公爵，是康熙帝皇后的叔父。索额图初任侍卫。康熙八年（1669年）至四十年(1701年)，先后任国史院大学士、保和殿大学士、议政大臣、领侍卫内大臣等职，曾参与许多重大的政治决策和活动。康熙帝继位之初，鳌拜擅权，索额图辅佐康熙帝计擒鳌拜，并将其党羽一网打尽，因此深受信任。

　　康熙二十七年（1688年），索额图被任命为钦差大臣，率领清廷使团前往色楞格斯克，与俄方代表会谈两国边界问题。次年，俄国提议改以尼布楚为谈判地点，索额图仍为谈判使团首席代表，率使团至尼布楚与俄方代表戈洛文谈判。在谈判中，索额图阐明黑龙江流域属于中国的原委，驳斥俄方提出以黑龙江或雅克萨为界的无理要求。双方终于在对等谈

判的基础上签订了第一个中俄条约——《尼布楚条约》。此后，索额图先后两次参加平定准噶尔之役，康熙四十年以年老休致。后来索额图因为在清朝宫廷斗争中依附皇太子胤礽，在康熙四十二年（1703年），被以"议论国事，结党妄行"的罪名交宗人府拘禁，不久死于禁所。

张诚（1654—1707，原名弗朗索瓦·热拉皮翁），字实斋，法国人，清初来华的天主教传教士。张诚出生于法国凡尔登，1670年入耶稣会香槟省修道士传习所。1685年，受法王路易十四派遣，与一批耶稣会传教士来中国传教。1687年(康熙二十六年)到达浙江宁波，次年抵达北京，由葡萄牙人徐日升神甫引荐觐见康熙帝，与另一名传教士白晋同在宫廷供职，同时学习汉、满文字。1689年，张诚和徐日升被委任充当中俄尼布楚边界谈判的译员。1690年入宫为康熙帝讲授欧几里得原理、实用几何学及哲学。1693年，康熙帝患疟疾，张诚和白晋进金鸡纳霜，康熙帝病愈后，赐地西安门内建造救世主堂（北堂）。1696年，跟随康熙帝亲征噶尔丹。1707年卒于北京。张诚第二次旅行的日记，比较详细地记载中俄《尼布楚条约》的谈判、签订的经过，商务印书馆有中译本《张诚日记》。

徐日升（1645—1708，原名托马斯·佩雷拉），字寅公，葡萄牙人，清初来华的耶稣会传教士。出生于布拉加省，就学于省立学院。康熙二年（1663年），徐日升加入耶稣会，并在康熙十一年（1672年）漂洋过海抵达澳门。次年，他经南怀仁推荐以精通音乐的名义来到北京，并供职于钦天

监，襄助治理历法，兼任宫廷音乐教师。康熙二十七年，南怀仁病殁，徐日升接替署理钦天监监副一职。二十八年，中俄尼布楚边界谈判时，徐日升与张诚同为中方代表团拉丁文翻译。三十年，任耶稣会视察。四十五年，升任耶稣会中国省副省会长。后卒于北京。

然而，在中俄双方的谈判过程中，担任翻译的张诚和徐日升两人却充当了不光彩的角色——俄方的间谍，且险些导致谈判破裂。清廷使团一离开北京，俄方负责谈判事务的代表吉诺夫，就多次秘密会见徐日升。徐日升假装派人给吉诺夫送酒菜，有意避开清军守卫，将一封拉丁文书信秘密交给俄方。他还向俄国人献媚，并露骨地说："我们看到永远拯救无数生灵的圣旗已经升起，我们的时代已经开始！"更为严重的是，徐日升还把中方首席谈判代表索额图、佟国纲的情况事先透露给了俄国。1689年8月初，当清廷使团到达尼布楚后，尚未开始首次谈判，俄方代表戈洛文就派人来无理取闹，认为中国军队离会场太近，企图对毫无谈判经验的清廷官员施加心理压力。这时，徐日升和张诚奉命前去调解。戈洛文一见到他们，就公开表示，希望他们在谈判中帮助俄方。两人也十分"配合"，向俄国人泄露了很多清廷的机密情况，并透露了清廷的谈判底线。后来，在谈判中，徐日升还暗中捣鬼，竟然在索额图的话中擅自加入"清廷已向雅克萨派出大量军队"等话语，激得戈洛文等人出言不逊。整个谈判期间，徐日升和张诚一直对俄方暗送秋波，俄国代表也乘机对他们信口许诺，并私下赠送给他们大量的珍贵礼品。但是，无论徐、张二人如何捣鬼，索额图等人始终秉承康熙帝的谕旨精神寸步不让，加上清军在雅克萨的大胜，方才顺利完成签约。

八、尼布楚谈判及条约的签订

　　沙俄政权在战争受挫后，虽然提出通过谈判解决黑龙江流域问题，但并不想轻易放弃侵占这一地区的势力。1686年1月，沙皇在发给戈洛文的训令中指出：一、俄中两国应力争以黑龙江为界；如果中方不同意，则争取以牛满河（今俄罗斯联邦境内布列亚河）、精奇里江（今俄罗斯联邦境内结雅河）及其以西的黑龙江为界；如中方再不同意，则争取以雅克萨为界，俄国人得在黑龙江、牛满河、精奇里江渔猎。二、如中方不接受上述划界方案，则俄国使臣应争取缔结临时停战协定，然后做好准备，进行战争。同时又指出，为了达到这一目的，大使应不惜赠送任何礼物，向中国使臣行贿。这一训令表明，当时俄国政府的基本方针是企图通过外交谈判取得黑龙江以北的全部或一部分中国领土；如果在谈判桌上达不到目的，就准备再次诉诸武力，以求在东北地区获得最大的战略利益。

而清廷对黑龙江流域的领土及主权观念极为明确。1688年，康熙帝任命领侍卫内大臣索额图为全权大臣，与俄使议界。康熙帝指出，俄罗斯占据的尼布楚是中国茂明安部游牧的地方，雅克萨是中国达斡尔族居住的土地。该地区土地自古就归属中国。

中俄两国经准备后，商定于1688年在色楞格斯克进行谈判。同年5月30日，中国使团从北京出发，前往色楞格斯克，7月下旬行抵克鲁伦河附近，因漠西蒙古准噶尔部的噶尔丹进犯喀尔喀蒙古，道路阻隔，无法通行，索额图使团不得不折回北京。随后清廷又与俄国代表商定，将谈判改为1689年在尼布楚举行。

在此期间，沙皇考虑了当时的形势，感到坚持吞并黑龙江流域，必然遭到清廷的拒绝，甚至强烈反击。为了避免冲突，并争取同中国达成贸易协定，将沙俄在中国东北地区的利益最大化，俄国政府认为可以暂时放弃对黑龙江流域的侵略要求。沙皇于1689年初训令戈洛文，让他在中国坚持要俄国交出雅克萨时，毁掉那里的城防，撤退俄国居民。但为了给俄国以后侵占黑龙江流域留有余地，让戈洛文要求中国也不要在雅克萨设防。

清政府为了能够早日和平解决黑龙江流域问题，也打算做出更大的让步。1689年6月13日，清朝索额图使团自北京

启程，出古北口北行，清廷使团的近万名护卫队和大批后勤人员浩浩荡荡，行程六千里，于7月31日到达尼布楚，在石勒喀河南岸扎营。使团成员有：领侍卫内大臣索额图、都统一等公佟国纲、都统郎谈、都统班达尔善、黑龙江将军萨布素、护军统领玛喇、理藩院侍郎温达，翻译是耶稣会士法国人张诚、葡萄牙人徐日升。

俄国戈洛文使团于1686年2月从莫斯科出发，1687年9月到达贝加尔湖东岸，在那里停留了两年之久，1689年8月19日才到达尼布楚。使团成员有：御前大臣戈洛文、伊拉托木斯克总督符拉索夫、秘书科尔尼茨基。

中俄双方经过一段时间准备，议定于8月22日开始正式会谈。22日拂晓，准备了三年之久的中俄谈判终于开始了。双方进入会场的使臣、官员各四十名，卫队各二百六十人。缺乏外交谈判经验的中国使团怀着诚挚的态度，以为谈判会很快结

束，估计十几天便可签约。而老谋深算、巧言善辩的戈洛文，却利用中国使团急于求成的心理，大肆玩弄外交手段，怀揣四个方案，傲慢无理地讨价还价，妄图谋取更大的利益。中国使团的两个传教士译员也极力为俄国效劳。

戈洛文在第一天的会谈中抛出第一个方案："应以阿穆尔河（即黑龙江）一直到海为两国边界。阿穆尔河左岸属沙皇陛下方面，右岸属博克多汉殿下（即康熙）方面。"索额图态度鲜明，断然拒绝了这个荒谬的方案，指出：里雅那河（即勒拿河）原系我疆界，黑龙江流域的贝加尔湖以东从来就是中国的领土，因而提出以勒拿河和贝加尔湖作为中俄国界。他正告对方，中国皇帝"并未谕令中国使团向沙皇俄国割让一寸领土，同样也没有令他们去侵占沙俄领土"。双方激烈争辩，夜幕降临时才休会。

第二次会谈，仍无成果。戈洛文出

尔反尔,谈判陷入了僵局。中国使团担心谈判落空,千里迢迢而来却徒劳而返。正在这时,尼布楚当地各族人民掀起了轰轰烈烈的抗俄斗争,大批群众扶老携幼,携带帐篷赶着牲口,聚集在尼布楚下游,盼望祖国来人接应他们。面对风云突变的形势,戈洛文不得不改变策略,终于抛出了俄军撤出雅克萨的划界方案,谈判才得以继续下去。索额图行前曾上奏康熙帝,认为"尼布楚、雅克萨两地当归我国"。康熙帝则指示索额图"尼布楚归我国,则俄罗斯贸易无所栖止,可以额尔古纳河为界"。可见清廷还是充分照顾到了俄国人民的利益,索额图也是本着这个精神与戈洛文谈判的。

双方交换条约草案后,又经过激烈辩论,中俄两国终于在1689年9月7日(清康熙二十八年七月二十四日)签订了《中俄尼布楚条约》,条约包括《中俄尼布楚议界条约》和《黑龙江界约》两大部分。

条约共六款：

1.从黑龙江支流格尔必齐河到外兴安岭直到海，岭南属于中国，岭北属于俄罗斯。西以额尔古纳河为界，南属中国，北属俄国，额尔古纳河南岸之黑里勒克河口诸房舍，应悉迁移于北岸；

2.雅克萨地方属于中国，拆毁雅克萨城，俄人迁回俄境。两国猎户人等不得擅自越境，否则捕拿问罪。十数人以上集体越境须报闻两国皇帝，依罪处以死刑；

3.此约订定以前所有一切事情，永作罢论。自两国永好已定之日起，事后有逃亡者，各不收纳，并应械系遣还；

4.双方在对方国家的侨民"悉听如旧"；

5.两国人带有往来文票（护照）的，允许其边境贸易；

6.和好已定，两国永敦睦谊，自来边境一切争执永予废除，倘各严守约章，争端无自而起。

该条约明确规定中俄两国东段边界以外兴安岭（即斯塔诺夫山脉）至海、格尔必齐河和额尔古纳河为界，凡岭南一带土地和流入黑龙江的河川，全属中国；以北一带土地及河流，全属俄国。

乌第河流域划为待议地区，留待以后再议。俄国事实上承认侵略中国黑龙江地区为非法，同意把侵入这一地区的沙俄军队撤回本国。沙俄通过《尼布楚条约》把原属中国的贝加尔湖以东尼布

楚一带地方纳入其版图，并获得重大的通商利益。条约的全部条款及交涉过程都清楚地表明，这个条约是经过平等谈判、中国政府作了让步的结果。

中俄《尼布楚条约》肯定了黑龙江和乌苏里江流域包括库页岛在内的广大地区都是中国的领土，它遏止了俄国向东方的侵略扩张。现在，中方一般给予《尼布楚条约》正面评论，认为该条约是两个主权国家的正常边界条约，是平等条约。

但也有人认为，中国在该条约中放弃了从额尔古纳河到贝加尔湖的领土，该条约实际上不利于中国，所以《尼布楚条约》应算中国近代史上第一个不平等条约。外兴安岭附近地区自古就是中华民族东北少数民族的聚居地，自唐朝以来，辽朝、金朝、元朝、明朝都对该地区实施了有效统治，明朝还在该地区设立奴尔干都司进行管辖。而俄罗斯最初只是一个莫斯科公国，其主要领土在欧洲，外兴

安岭附近离俄罗斯本土相距一万公里还远，清初的时候，俄罗斯一些匪徒才流窜到外兴安岭附近殖民。而此时清朝正是处于"康乾盛世"时期，此时的俄罗斯彼得大帝才刚刚实行改革，一个处于盛世的国家，在家门口打一个远道而来的侵略者，却要死伤数千士兵才攻下只有几百沙俄匪徒占据的雅克萨城。以当时清朝的国力，本应能够将沙俄侵略者逐出国门，但是最终却割让领土（贝加尔湖以东原属中国的尼布楚土地）才最终达成协议，于情于理似乎解释不通。

实际上，清廷让步的主要原因有两点：

一、清军武器落后，清军虽然在入关前就已经开始熟练使用葡萄牙形制的红衣大炮，但少数民族崇尚骑射的风俗在入关后并没有改变。反而在历代皇帝的反复倡导下有了愈演愈烈的趋势。特别是当时的东北地区，火炮数量严重不足。而且作为主要步兵武器的"鸟枪"，清朝在当时已经落后于西方。因此绝大多数手持大刀、长矛和弓箭的清军在对抗沙俄侵略者的凶猛炮火时死伤惨重。

二、清朝入关不及两代，而且刚刚平定三藩，经历了一场历时八年的国内战争。同时，漠西蒙古的葛尔丹也对中原虎视眈眈。在全国统治尚不稳固的情况下，清廷不愿与沙俄再进行一场消耗战。所以在有限让步的情况下，签订了《尼布楚条约》，以此换来了边界较长时期的和平稳定。

九、《尼布楚条约》的意义与
遗留问题的解决

　　《尼布楚条约》是中俄两国在平等谈判基础上订立的第一个边界条约，其内容基本上体现了两国政府平等互利、和平共处的原则。沙俄巩固了他对西伯利亚的占有权，而且获得了同中国通商的权利。清廷则通过该条约确定了中俄东段国界，从法律上肯定了中国对黑龙江与乌苏里江流域的主权，为中俄边境地区带来了一百五十多年的和平。在遏制沙俄

侵略上也是有深远意义的。

　　但清政府在签订《尼布楚条约》后，放松了警惕，认为从此就可以高枕无忧，并没有加强在黑龙江以北和乌苏里江以东的边防和有效治理，这为沙俄后来轻易吞并这些地区提供了便利。在康熙帝晚年，沙俄利用清廷的这个纰漏，不断蚕食中国领土。清廷虽多次与沙皇政府交涉，要求双方早日划定中段边界及解决与此有关的问题，但沙皇政府却对此置若罔闻。情急之下，清廷在雍正二年（1724年）断然停止中俄贸易。由于俄国庞大的商队每年在中俄贸易中都会赚取丰厚的利益，为保住这一财源，沙俄政府不得不在雍正二年派出特遣驻华全权大臣——萨瓦·务拉的思拉维赤，率领俄国使团赴中国谈判。雍正四年（1726年）冬，俄国使团到达北京。清廷派吏部尚书查弼纳等人为代表，双方进行了六个月谈判，就原则问题达成了十项协议。接着，两国使团前往边界上的布拉河畔勘定边界，达成协议。雍正五年（1727年）八月三十一日，中俄双方签订了《布连斯奇条约》。条约规定：东起额尔古纳河，中经恰克图附近的楚库河（赤奎河），西迄唐努乌梁海地区西北角的沙毕纳伊岭（即沙宾达巴哈）的边界走向，中间树立界碑，以南属于中国，以北属于俄国。根据这个条约，双方又签订了《阿巴哈伊图界约》和《色楞额界约》，以详细勘分边界。雍正六年（1728年）六月二十五日，中俄两国全权

使臣在恰克图正式签订了两国政治、经济、宗教等方面的总协议《恰克图条约》。条约共十一款,主要内容有四个方面:

1.边界,其内容与《布连斯奇条约》相同;重申了中俄《尼布楚条约》关于乌第河与外兴安岭之间地区暂行存放的规定;

2.贸易,规定俄国商队每三年来北京一次,恰克图为边界贸易地点;

3.允许俄国在北京的俄罗斯馆内建造东正教堂;

4.交换越境人犯。

上述条约,正式规定了中俄中段边界,在一定时期内限制了俄国的侵略。

事实上沙俄并没有完全遵守《尼布楚条约》《布连斯奇条约》以及《恰克图条约》。沙俄在18世纪便开始派远征队进入库页岛北端,袭击当地赫哲族人,修建营舍并开采煤矿。到乾隆五十四年(1789),又占领了库页岛南部,把赫哲人逼回了大陆。由于清政府在库页岛没有驻军，所以直到鸦片战争时期沙俄才正式通知清政府关于对库页岛的占领。

鸦片战争爆发后，清政府的无能与软弱给了沙俄绝好的侵略机遇。从1858年开始，沙俄通过《瑷珲条约》《天津条约》《北京条约》等一系列不平等条约，侵占我国一百四十多万平方公里的广袤国土。

新中国建立后，中苏结成紧密的同盟关系，中苏边界问题虽未解决，但两国的亲密关系掩盖了在边界问题上的潜在矛盾，双方基本按实际控制线维持了中

苏边界的平静。然而随着20世纪50年代末期中苏关系的恶化，边界问题上的阴影再次显露出来。中俄双方爆发了珍宝岛事件等一系列的边界摩擦。

珍宝岛事件后，中苏双方恢复了边界问题谈判。中国在边界问题上的原则和立场是一贯的，即在肯定19世纪清政府和沙俄签订的边界条约是不平等条约的基础上，仍愿意本着尊重现实的态度和以中苏两国人民友谊为重的原则，以这些条约为基础全面解决中苏边界问题，不要求收回沙俄通过那些不平等条约从中国割让的土地。至于后来任何一方违反那些条约而侵占另一方的领土，原则上必须无条件归还对方，但双方可以根据平等协商、互利互让的原则，考虑当地居民的利益，对边界作必要调整。中方的态度是合情合理的，既维护了中国的主权，也尊重了现

实和苏联的利益。但由于国际形势的变
化，这次谈判又一次地无果而终。

进入20世纪80年代以后，由于国际
和中苏国内形势的变化，双方政治关系
逐渐改善，这就为解决边界问题创造了
条件。在友好合作的精神下，中俄双方再
一次积极投入划界谈判当中。

经过长时间的艰苦谈判，1991年5月，
中苏两国外长签订了《关于中苏国界东段
的协定》。2004年10月，中俄两国外长又

在北京签署了《中华人民共和国和俄罗斯联邦关于中俄国界东段的补充协定》。这两部划界协定是中俄双方共同努力，互利互让的结果，它们的签署标志着长期困扰中俄两国的边界问题得到了彻底解决，这不仅对维护我国东北地区和整个东北亚地区的安全与稳定有重大意义，也为消除俄罗斯国内部分人对我国的误解，建立中俄两国的世代友好关系打下了坚实的基础。